Cupcakes, Galletas y Dulces Caseros

Las mejores recetas inglesas para toda ocasión

Diana Baker

ÍNDICE

Introducción

Siempre hay un lugar para los dulces y las masitas o galletas o galletitas o bizcochos, o como sea que te guste llamarlos.

Aquí te ofrezco más de 90 recetas que son una selección de deliciosas masitas y dulces caseros que son las más populares recetas inglesas. Se incluyen los célebres scones y además los panqueques, waffles, merengues y muchísimos más.

A la 'hora del té' tradicional inglés puedes encontrar una gran variedad de repostería. Con cualquiera de estas galletas puedes agasajar a tu familia o invitados y quedar muy bien con ese toque de sabor inglés.

Las galletitas son las 'protagonistas' en cualquier ocasión y en especial donde haya niños. Siempre es aconsejable tener en la despensa unas deliciosas galletas caseras sea para la merienda, para un antojo antes de acostarse, para que lleven al colegio o de picnic o para agasajar cualquier visita imprevista.

Y para la ocasión especial: unos exquisitos caramelos o dulces caseros, tientan a cualquiera en todo momento. A cualquier hora se aprecian y se disfrutan.

Las recetas no son difíciles ni complicadas. Estoy segura que tú y tu casa las disfrutarán mucho.

Una Referencia

A menudo en las siguientes recetas se emplea el término papel manteca lo que hace referencia a un papel engrasado que se usa en bollería, para evitar que se pegue en los moldes. Este tipo de papel se usa al hacer magdalenas, mantecados, sobaos y demás. Siempre que queremos comer uno de estos, tenemos que quitar el papel graso que los envuelve.

También se lo conoce como papel parafinado, papel para horno, papel vegetal o papel encerado

Pesos y Medidas

Todas las medidas son al ras, si no se especifica lo contrario. Cuando se indica una taza quiere decir una taza de ¼ litro de capacidad.

Las medidas para harina, en tazas y cucharas, corresponden a harina de repostería. El peso de harina varía según su calidad, por lo tanto si usas harina común se debe emplear menos cantidad.

1 cucharadita equivale a 5 g o 60 gotas
1 cucharada de postre a 10 g o 2 cucharaditas
1 cucharada equivale a 15 g o 3 cucharaditas
1 vaso de vino equivale a 100 g o 4 cucharadas
1 taza equivale a ¼ litro o 16 cucharadas

Equivalencias aproximadas:

3 ½ tazas de harina equivalen a .... 500 g
2 tazas de azúcar .... 500 g
2 ½ tazas de azúcar morena............... 500 g
2 tazas de nueces picadas .... 250 g
1 taza de mantequilla o mantequilla .. 125 g
1 taza pasas sin semillas .... 250 g
1 taza pasas sultanas etc. .... 250 g

29 g harina equivalen a.......... 4 cucharadas escasas
29 g azúcar molida .... 1 cucharada escasa
29 g mantequilla o grasa ... .. 1 cucharada escasa.

Recetas de Cupcakes y Galletas

Scones – Receta Maestra

2 tazas de harina
4 cucharadas mantequilla
1 huevo
3 cucharadas azúcar (opcional)
½ taza aproximadamente de leche
4 cucharaditas polvo hornear
Una pizca de sal

Cernir la harina con el polvo de hornear y agregar la mantequilla trabajando ligeramente con los dedos.

Batir el huevo, agregarle la leche y unir con los ingredientes secos.

Estirar dándole 1½ cms de espesor; cortar en círculos y cocinar en una asadera engrasada en horno caliente.

Servir calientes. Se pueden comer solos, o partidos y con mantequilla y queso por el medio, o con mermelada.

Masa de Hojaldre – Receta Maestra

110 g de harina fina
1 yema
Unas gotas de limón
Un poco de agua helada

Hacer un hueco en el centro de la harina.

Mezclar en una taza ½ yema de huevo sin batir con 2 cucharadas de agua y unas gotas de limón.

Verter esta preparación al centro de la harina y unir con un cuchillo, agregar un poco de agua para dar a la masa la consistencia necesaria.

Amasar ligeramente con los dedos y luego poner la masa en una tabla enharinada, espolvorear por encima con harina y estirarla dándole ½ cm de grosor.

Poner en un repasador limpio, 110 g de mantequilla, cubrirla y aplastarla, golpeando ligeramente hasta que tenga la mitad del tamaño de la masa.

Colocar la mantequilla en la masa, doblarla y apretar ligeramente los bordes.

Estirar cuidadosamente una vez, doblar en tres para adentro, dar vuelta la masa con los bordes abiertos para adentro, estirar y doblar nuevamente en tres.

Dejar reposar por 15 minutos en un sitio fresco.

Repetir esta operación otras dos veces, pintando ligeramente la masa, cada vez con jugo de limón.

Si se desea usar la masa para vol-au-vent, estirar la masa dejándola de ¾ cm de grueso, cortar en círculos y sacar del centro, un pequeño círculo.

Colocar los círculos perforados sobre los enteros pintándolos por el medio con un poco de huevo batido.

Los centros se cocinan aparte y se vuelven a colocar una vez rellenos los vol-au-vent.

Rellenar con ostras, pollo, dulces etc.

Receta Maestra Para Masa

2 tazas de harina cernida
1 taza de grasa de cerdo o mantequilla
Una pizca de sal
1 cucharadita colmada de polvo de hornear, cernido con
la harina
½ cucharada de agua

Unir la grasa con la harina.

Mezclar con ½ cucharada de agua o un poquito más si fuere necesario, para hacer una masa seca.

Unir con un cuchillo trabajándola lo menos posible.

Estirar y manipular con cuidado.

Liberty Scone

2 tazas de harina
2 cucharadas mantequilla
1 huevo
3 cucharadas azúcar (opcional)
½ taza aproximadamente de leche
4 cucharaditas polvo hornear
Una pizca de sal

Cernir la harina con el polvo de hornear y agregar la mantequilla trabajando ligeramente con los dedos.

Batir el huevo, agregarle la leche y unir con los ingredientes secos; estirar dándole 1½ cms de espesor.

Cortar en círculos y cocinar en una asadera engrasada en horno caliente.

Servir calientes.

Se pueden comer solos, o partidos y con mantequilla y queso por el medio, o con mermelada.

También se puede agregar pasas de uva.

Atholl Crescent Rock Cakes

3 cucharadas de mantequilla
2 tazas de harina
3 cucharadas de azúcar
1 huevo
¼ cucharadita de esencia de limón
¾ cucharadita de polvo de hornear
Un poco de leche

Mezclar la harina, azúcar y polvo de hornear. Unir estos ingredientes con la mantequilla, trabajando ligeramente con los dedos.

Agregar el huevo previamente batido, la esencia y un poco de leche para unir bien la masa, pero esta debe quedar duro.

Colocar en pequeñas porciones sin darles forma sobre una bandeja engrasada y cocinar en horno caliente por 15 minutos.

También se puede agregar pasas de uva o cáscara de fruta abrillantada si prefiere.

Arañas Australianas

Derretir al baño María:

225 g de chocolate
28 g de parafina sólida para tortas (comprar en farmacia)

Cuando esté derretido agregar:

½ taza nueces picadas y pasas sultanas
3 tazas de copos de maíz

Poner esta preparación de a cucharadas en moldes pequeños engrasados y apretar con los dedos alrededor del moldecito para que se adhiera bien, dándole forma de arañas.

La receta es suficiente para 2 docenas.

Una receta alternativa:

2 tazas de chocolate
28 g de parafina sólida

Derretir al baño María y luego agregar:

½ taza de nueces picadas
1 taza de pasas sultanas
3 tazas de avena arrollada

Bizcochos de Polvo de Hornear

2 tazas de harina
4 cucharaditas de polvo de hornear
2 cucharadas de grasa de cerdo o mantequilla
¾ a 1 taza de leche
1 cucharadita de sal

Mezclar los ingredientes secos. Agregar la grasa trabajando con las manos.

Agregar gradualmente la leche. Estirar con el rodillo hasta tener ½ cm de grosor y cortar con un cortapastas.

Pasar leche por encima y cocinar en horno caliente de 12 a 15 minutos.

Bizcochos Morenos – Brown Biscuits

2 tazas de harina integral
1 taza de harina blanca
¼ taza de azúcar
1 cucharadita de sal
2 cucharaditas de polvo de hornear
1¼ tazas de mantequilla
¾ taza aproximadamente de leche aguada.

Mezclar los ingredientes secos; agregar la mantequilla, trabajando ligeramente, y luego la leche aguada.

Estirar en una mesa enharinada dejando la masa bien fina. Cortar con un cortapastas y colocar en una bandeja.

Cocinar en horno moderado hasta que estén crocantes, de 20 a 30 minutos.

Bizcochos de Canela
Cinnamon Biscuits

2 cucharadas mantequilla
4 cucharadas azúcar
1 huevo
8 cucharadas colmadas harina
½ cucharada de canela o jengibre
1 cucharadita de polvo de hornear
Un poquito de leche

Batir la mantequilla con el azúcar hasta que esté como crema.

Agregar la harina, polvo de hornear y canela mezclados, agregar el huevo y la leche formando una masa dura.

Amasar un poco, estirar la masa dejándola fina y cortarla en círculos.

Cocinar en horno caliente.

Se sirven como sándwich con dulce de frambuesa en el medio, apretando las orillas.

Bizcochos de Fécula de Maíz
Cornflour Aternoon Tea Biscuits

¾ taza de harina
¾ taza de fécula de maíz
1 cucharadita de polvo de hornear
3 cucharadas de mantequilla (84 g)
3 cucharadas de azúcar
1 huevo

Mezclar los ingredientes secos, agregar la mantequilla trabajando ligeramente con las manos.

Agregar después el huevo batido.

Estirar y cortar con un cortapastas.

Cocinar en horno caliente.

Cuando fríos, unir dos galletas como sándwich, poniendo en el medio un poco de azucarado al que se la habrá agregado jugo de limón.

Azucarado:

¼ taza de mantequilla
1½ tazas de azúcar impalpable

Batir la mantequilla hasta que esté como crema, agregar el azúcar de a poco uniendo muy bien.

Bizcochos de Maicena

1 taza de fécula de maíz (maicena)
½ taza de harina
1 huevo y 1 yema
½ taza de azúcar
½ taza de mantequilla
½ cucharadita de polvo de hornear
Esencia de vainilla
Una pizca de sal

Mezclar los ingredientes secos, agregar la mantequilla trabajando ligeramente con las manos.

Agregar después el huevo batido.

Estirar y cortar con un cortapastas.

Cocinar en horno moderado.

Cuando fríos, unirlos de a dos con dulce de leche y cubrir los bordes con coco rallado.

Bizcochos Imperio – Empire Biscuits

4 cucharadas de mantequilla
½ tacita de azúcar
1 huevo
1 taza de harina
½ cucharadita de polvo de hornear
1 cucharadita de cremor tártaro

Batir el azúcar con la mantequilla y agregar el huevo y el resto de los ingredientes.

Amasar hasta unir la masa. Estirar muy fino con el rodillo y cortar en círculos.

Cocinar 10 minutos en horno caliente.

Se sirven como sándwich con jalea o un azucarado en el medio.

Bizcochos de Jengibre –Ginger Biscuits

1 taza de mantequilla
4 tazas de harina
1 taza de azúcar
1 cucharada de postre de jengibre en polvo
1 cucharadita de clavos de olor en polvo
1 taza de miel de caña
1 cucharadita colmada de bicarbonato de soda
1 cucharada de agua fría

Unir la mantequilla y harina. Agregar el azúcar, especias, miel de caña, agua y bicarbonato.

Estirar, cortar en círculos y cocinar en horno caliente. A los niños les encantan las galletitas con formas distintas.

Bizcochos de Miel

5 cucharadas de azúcar
4 cucharadas de mantequilla (110 g)
1 yema
1½ de harina leudante
1 cucharadita de canela en polvo
2 cucharadas de miel

Para cubrir los bizcochos:

2 cucharadas de postre de azúcar
¼ cucharadita de polvo de canela

Batir el azúcar y la mantequilla hasta formar una crema, agregar la yema y revolver rápidamente por un minuto.

Se ciernen la harina y el polvo de canela juntos y se va añadiendo a la masa. Agregar la miel. Calentar un poco si hace falta, para que sea más manejable.

Poner la masa a un lado para que se enfríe y así poderla trabajar.

Luego se vierte sobre una tabla algo enharinada y se dividen en pequeñas porciones. Formar bollitos y cubrir con el azúcar y la canela previamente mezclados.

Se ponen los bizcochos sobre una bandeja bien espaciados y se cocinan en un horno moderado por unos 15 minutos.

Luego se dejan enfriar sobre una rejilla. Una vez fríos pueden guardarse en un tarro bien cerrado.

La receta es suficiente para unos 20 bizcochos.

Bizcochos de Avena

1½ tazas de harina de avena
1½ tazas de harina
4 cucharadas de mantequilla
2 cucharadas de azúcar
1 cucharadita de sal
1 cucharadita de polvo de hornear
1 huevo
Un poco de leche o agua

Mezclar la harina con la avena y unir con la mantequilla; agregar la sal, el polvo de hornear y el azúcar.

Batir el huevo y agregarle un poquito de agua o leche.

Mezclar con los ingredientes, formando así una masa espesa.

Estirar sobre una tabla enharinada hasta darle un grosor de ½ a ¾ cm.

Cortar en círculos.

Cocinar de 15 a 20 minutos en horno moderado.

Se puede substituir el huevo por un poco de leche.

Bizcochos Shrewsbury

4 cucharadas de mantequilla
3 cucharadas colmadas de azúcar
4 cucharadas colmadas de harina
1 huevo

Batir bien la mantequilla, agregar el azúcar, el huevo batido y por último la harina.

Dejar reposar en un sitio fresco y después estirar en una tabla bien enharinada.

Cortar la forma que se desee.

Cocinar en horno moderado.

Brandy Snaps

4 cucharadas de mantequilla
½ taza de azúcar
½ taza de harina
4 cucharadas de miel de caña
¾ cucharadita de jengibre en polvo
Unas gotas de esencia de vainilla

Derretir sobre el fuego en una cacerola la mantequilla, azúcar y miel. Retirar y agregar la harina cernida.

Luego agregar el jengibre y esencia de vainilla.

Verter en pequeños círculos sobre bandejas bien engrasadas.

Cocinar 10 minutos en horno de temperatura moderada.

Levantar después con un cuchillo ancho o espátula y envolverlos alrededor del mango de una cuchara de madera.

Retirar cuando estén fríos y rellenar con crema batida (nata) justo antes de servir.

Si los utiliza como postre, agregar a la crema batida unas gotas de coñac.

También son deliciosos si los rellena con crema batida y ciruelas secas.

Bollos Calientes para el Desayuno
Hot Breakfast Cakes

1 cucharada de mantequilla
2 tazas de harina
2 cucharaditas de bicarbonato de soda
2 cucharaditas de cremor tártaro
1 cucharadita de azúcar
1 huevo
1 cucharadita de sal
1 taza aproximadamente de leche

Trabajar ligeramente con la punta de los dedos, la mantequilla y la harina; agregar la sal, azúcar, cremor tártaro y bicarbonato, cuidando que no tengan grumos.

Agregar parte de la leche, después el huevo entero sin batir y luego el resto de la leche.

Engrasar 24 moldes pequeños y poner en cada uno, una cucharada de la masa.

Cocinar en horno caliente por 10 minutos.

Al retirar, partirlos y untar con mantequilla y servir calientes.

Bollos Calientes de Cruz
Hot Cross Buns (sin levadura)

½ k de harina
1 cucharadita de sal
1 cucharadita de especias molidas
4 cucharaditas de polvo de hornear
56 g de grasa de cerdo
84 g azúcar
84 g pasas Corinto
56 g de cáscara de fruta abrillanta cortada
1 huevo batido (reservar una cuchara para pintar los bollos)
1 taza de agua

Cernir juntos en un recipiente la harina, polvo de hornear, sal y especias.

Agregar la grasa trabajando ligeramente con los dedos.

Agregar el azúcar, pasas y cáscara. Unir con el huevo y agua formando una masa suave.

Dividir en 12 porciones y darles forma de bollos.

Colocarlos sobre una bandeja engrasada y hacerles en la parte de arriba dos tajos profundos en forma de cruz.

Pintar con huevo batido y cocinar en horno caliente por 15 minutos.

Bollos Calientes de Cruz
Hot Cross Buns (con levadura)

680 g de azúcar
85 g de grasa de cerdo
6 cucharaditas de azúcar
1 ½ cucharaditas de sal
42 g de pasas de Corinto
42 g de pasas sultanas
28 g de cáscara abrillantada de limón
42 g de levadura
½ litro escaso de agua y leche tibia
Una pizca de nuez moscada

Mezclar la harina con la grasa; agregar sal, las pasas, cáscara abrillantada y nuez moscada. Hacer un hueco en el centro y poner la levadura desmenuzada.

Agregar el azúcar y 2/3 partes de agua o leche tibia.

Dejar en un lugar templado hasta que la levadura empiece a fermentar.

Mezclar, formando una masa suave y agregando el resto de la leche.

Cubrir con una servilleta y dejar reposar por 45 minutos para que leude.

Formar bollos y colocarlos, separados, sobre una bandeja engrasada.

Dejarlos por 10 minutos para que levanten más.

Marcar una cruz con el contrafilo de un cuchillo. Pintar con huevo batido y cocinar en horno caliente de 15 a 20 minutos.

Cuadraditos de Chocolate
Chocolate Squares

½ taza de mantequilla
1 taza de azúcar
2 huevos
1 1/3 tazas de harina
2 cucharaditas de polvo de hornear
1 barrita de chocolate
¾ taza de leche

Batir la mantequilla con el azúcar hasta que esté como crema y agregar las yemas bien batidas.

Derretir el chocolate en la leche, en una cacerola pequeña sobre el fuego.

Cernir la harina con el polvo de hornear y mezclar con la primera preparación alternativamente con el chocolate y la leche.

Verter en un molde poco profundo y cocinar en horno moderado. No se debe desmoldar hasta que esté frío.

Cubrir con un azucarado mientras está en el molde y cortarlo en cuadrados cuando se va a servir.

Esta torta se conserva por dos semanas, dejándola en un molde cerrado sin desmoldar.

Chimeneas –Chimneys

6 cucharadas de mantequilla (150 g)
½ taza de azúcar
1¼ tazas de harina
2 huevos y 1 yema
2 cucharas de polvo de hornear
½ taza de pasas sin semilla
Cáscara rallada de ½ limón

Batir la mantequilla con el azúcar hasta que esté como una crema.

Agregar los huevos y la yema de a uno a la vez, batiendo constantemente, y después la cáscara de limón.

Agregar de a poco la harina cernida con el polvo de hornear y por último las pasas.

Distribuirlos en 15 moldes muy pequeños y hondos forrados con papel engrasado. Llenar solamente ¾ de su capacidad.

Cocinar en horno moderado 25 minutos. Esta receta es suficiente para 15 pastelitos.

Masitas de Coco – Coconut Puffs

3 claras de huevo
1 taza de azúcar molida
1 cucharada de fécula de maíz
1 cucharadita de esencia de vainilla
2 tazas de coco rallado

Batir a nieve las claras; agregar de a poquito el azúcar y la fécula de maíz.

Cocinar a baño María 15 minutos, revolviendo todo el tiempo.

Agregar después el coco y la esencia. Verter en moldes pequeños engrasados y hornear hasta que tomen color.

Buñuelos Noruegos

Norwegian Doughnuts

3 cucharadas de mantequilla
¾ taza de azúcar
2 huevos
3 tazas de harina
3 cucharaditas de polvo de hornear
¾ taza de leche
Sal y nuez moscada a gusto

Batir la mantequilla y el azúcar hasta que esté como crema; agregar los huevos (sin batir) y mezclar bien.

Agregar los ingredientes secos y la leche, alternativamente.

Estirar la masa hasta que quede fina y cortar con un cortapastas.

Freír en abundante grasa de cerdo, hasta que se doren bien y escurrir sobre un papel.

Se pueden guardar en lata de cierre hermético.

Masitas Eccles– Eccles Cakes

Estas masitas se elaboran con masa de hojaldre (ver receta) aunque también se puede usar masa normal.

Para el relleno:
1 cucharada de mantequilla
4 cucharadas de pasas Corinto
2 cucharadas de azúcar negra
1 cucharada de cáscara de fruta abrillantada, cortada finamente
Un poco de ralladura de cáscara de limón
Un poco de nuez moscada

Poner todos los ingredientes en un bol cerca del fuego hasta que esté bien unido; mezclar bien.

Se estira la masa hasta tener ½ cm de grueso.

Se corta en círculos; se pasa un poco de huevo por las orillas.

Poner una o dos cucharaditas del relleno en el centro.

Se unen cuidadosamente los bordes; se dan vuelta las masitas y se pasa encima el rodillo hasta que se vean las pasas.

Se espolvorean con azúcar y se cocinan por 10 minutos en horno caliente.

Bombas de Crema – Cream Puffs

1 taza de agua
2/3 taza de mantequilla
1½ taza de harina
5 huevos

Poner el agua en una cacerola, y cuando hierva, agregar la mantequilla y la harina.

Revolver rápidamente un momento hasta que quede como una crema.

Cuando esté casi frío agregarle de a poco, los huevos batidos.

Esta masa se coloca sobre una bandeja engrasada dejándolo caer de la cuchara. Cocinar por 30 minutos en horno muy caliente.

Una vez cocidas, quedarán bien doradas y huecas. Se rellenan con la siguiente crema:

El Relleno:
2 huevos o 4 yemas
2 tazas de leche
1/3 taza de harina
1 taza de azúcar
1 pizca de sal
Unas gotas de vainilla

Mezclar cuidando que no forme grumos y cocinar al baño María hasta espesar. Con esta crema se rellenan las bombas cortándolas a su base.

Bombas de Crema – Eclairs

½ tacita de mantequilla
2 tazas de harina
5 huevos
1 taza de agua
Crema (nata) para el relleno

Poner en una cacerola el agua y la mantequilla y dejar hervir.

Agregar la harina batiendo ligeramente con una cuchara de madera. Seguir cocinando a fuego muy lento durante unos minutos.

Retirar del fuego y agregarle los huevos uno por uno y seguir batiendo hasta que la preparación quede bien lisa.

Dejar descansar un momento.

Poner la masa por cucharadas en bandejas engrasadas y enharinadas, cocinándolas por 20 minutos en horno regular.

Se pueden rellenar con crema o también con crema de chocolate.

Espolvorear con azúcar impalpable.

Crema de Huevo (Crema pastelera)
Egg Creams

1 huevo y 1 yema
1 cucharada de harina
4 cucharadas de azúcar
1 ¾ tazas leche
½ chaucha de vainilla o esencia.

Poner en un bol la harina, azúcar, huevos y vainilla; luego agregar la leche.

Cocinar en una cacerola pequeña a fuego muy suave, revolviendo continuamente hasta que se espese pero no debe hervir.

Crema de chocolate:

1 cucharada de harina
4 cucharadas de azúcar
2 huevos
Esencia de vainilla
2 tazas de leche
3 cucharadas aproximadamente de chocolate

Poner en un bol la harina, azúcar, huevos y vainilla; agregar la leche y el chocolate rallado.

Cocinar en una cacerola pequeña a fuego muy suave, revolviendo continuamente hasta que se espese pero no debe hervir.

Masitas Fairy – Fairy Cakes

3 tazas de harina incluyendo 2 cucharadas de fécula de maíz
1 taza de mantequilla
2 tazas de azúcar
1 taza de leche
5 huevos

Batir la mantequilla, azúcar y huevos hasta que esté espumoso.

Agregar alternativamente la leche y la harina.

Cocinar en moldes pequeños, en horno caliente de 15 a 20 minutos.

Bizcocho de Jengibre – Ginger Nuts

2 tazas de harina
4 cucharadas de mantequilla (110 g)
4 cucharadas de azúcar (110g)
1 cucharada de jengibre en polvo
3 cucharadas de miel de caña
½ cucharadita de bicarbonato

Batir la mantequilla con el azúcar hasta que esté como crema.

Agregar la miel de caña y el bicarbonato disuelto en un poquito de agua fría.

Agregar los ingredientes secos y mezclar formando una masa dura.

Dividir a trozos pequeños del tamaño de una nuez y colocar en una bandeja engrasada, dejando bastante espacio entre uno y otro.

Cocinar en horno caliente.

Amarettis de Copos de Maíz
Cornflake Macaroons

2 claras de huevo
1 taza de azúcar
2 tazas de copos de maíz
½ taza de nueces picadas
1 taza de coco rallado
½ cucharadita de esencia de vainilla

Batir las claras a punto de merengue.

Agregar el azúcar revolviendo suavemente.

Agregar después los copos de maíz, las nueces, el coco y por último la vainilla.

Cocinarlos en bandejas bien engrasadas, en horno moderado de 15 a 20 minutos.

La receta es suficiente para 1½ docenas.

Merengues

6 claras
1 taza de azúcar, molida fina
2 cucharadas de jugo de limón

Batir a punto de merengue las claras.

Agregar el azúcar molida y el jugo de limón y revolver con una cuchara de madera.

Colocarlos de a cucharadas en una bandeja engrasada y cocinar en horno moderado por 30 minutos.

Merengues – II

3 claras
1 taza azúcar, molida fina
Una pizca de cremor tártaro

Batir las claras hasta que estén bien duras, agregar el azúcar y mezclar suavemente con una cuchara de madera.

Forrar una bandeja con papel engrasado y enharinado, verter de a cucharadas grandes la preparación.

Cocinar a horno suave, más o menos 40 minutos. Cuando se desprendan fácilmente del papel, retirar del horno.

Ahuecarlos con el revés de una cuchara o con un huevo.

Volver a poner unos minutos al horno, después de apagar, y dejar enfriar en el horno con la puerta algo abierta.

Merengues de Coco

6 claras
12 cucharadas de azúcar molida
4 cucharadas de coco rallado

Batir a punto de merengue las claras.

Agregar el azúcar molida y el coco y revolver con una cuchara de madera.

Colocarlos de a cucharadas en una bandeja engrasada y cocinar en horno moderado 30 minutos.

Muffins Americanos

2 tazas de harina
1 taza de leche
½ taza de pasas sultanas
2 cucharaditas de polvo de hornear
½ cucharadita de sal
2 huevos
1 cucharadita de azúcar
4 cucharadas de grasa de cerdo y mantequilla,
mezcladas

Mezclar los ingredientes secos.

Mezclar los huevos con la leche y unirlos a los ingredientes secos.

Agregar la mantequilla y las pasas sultanas.

Cortar en círculos grandes y poner en bandejas engrasadas.

Cocinar en horno caliente 25 minutos.

Servir calientes.

La receta es suficiente para 12 muffins.

Masitas de Nuez – Nut Cakes

½ taza de mantequilla
1 taza de azúcar
½ de leche
3 cucharaditas de polvo de hornear
2 tazas de harina
1 cucharadita de vainilla
2 claras
¾ taza de nueces picadas

Cernir la harina con el polvo de hornear.

Batir la mantequilla, agregar gradualmente el azúcar, después la leche y harina alternativamente.

Agregar la esencia, las claras batidas a punto de merengue y las nueces.

Hornear 20 minutos en moldes pequeños engrasados.

Masitas de Avena – Oat Cakes

½ taza avena arrollada
¼ cucharadita de sal
5 cucharadas de agua tibia
½ cucharada mantequilla
¼ cucharadita bicarbonato de soda
Un puñado de pasas de uva (opcional)

Mezclar la avena con la sal. Derretir la mantequilla con el agua tibia; agregar luego la soda.

Mezclar el agua con la avena formando una pasta. Agregar pasas de uva si deseas.

Dividir en cuatro, formar bollitos que después se extienden. Cortar en cuatro y cocinar en horno moderado 15 minutos. No dejar dorar.

Servir con mermelada. También queda rico con queso o paté.

Masitas de Avena y Fruta
Fruit Oatmeal Cookies

Batir hasta que esté como crema lo siguiente en el mismo orden:

½ taza de mantequilla o grasa
1 taza de azúcar morena
2 tazas de harina de avena
½ taza de leche o jugo de fruta o café frío

Cernir juntos:

1 taza de harina
2 cucharaditas polvo de hornear
½ cucharadita de sal
1 cucharadita canela
½ cucharadita de cada uno: nuez moscada, clavos de olor y especias mezcladas

Agregar a estos ingredientes:

1 taza de pasas de uva
½ taza de dátiles picados
¾ taza de nueces picadas
La ralladura de la cáscara de 1 naranja

Agregar estos ingredientes secos a la primera preparación, revolviendo sólo lo necesario para unir.

Verter de a cucharadas en una asadera engrasada y enharinada. Cocinar en horno moderado unos 12 minutos.

Masitas de Naranja
Fancy Orange Cakes

El peso de 3 huevos en mantequilla, azúcar y harina
1 naranja
1 cucharadita polvo de hornear
Azúcar impalpable
3 huevos

Batir el azúcar y la mantequilla hasta que esté como crema.

Agregar los huevos, después la harina, el polvo de hornear y la ralladura de la cáscara de la naranja y, si fuese necesario, un poquito de leche para formar una masa dura.

Verter en un molde chato y cocinar en horno más bien caliente 15 minutos.

Cuando esté bien frío, cubrir con un azucarado hecho con azúcar impalpable mezclada con jugo de naranja.

Decorar con guindas abrillantadas o nueces.

Cuando el azucarado esté solidificado, cortar en cuadrados.

Parkins

1 taza de harina
1 taza de avena arrollada
¼ cucharadita de sal
½ cucharadita bicarbonato de soda
1 cucharadita canela
1 cucharadita jengibre en polvo
5 cucharadas azúcar
2 cucharadas cerdo (56 g)
2 cucharadas miel de caña
Algunas almendras

Derretir en una cacerola la grasa y miel de caña.

Verter sobre los ingredientes secos y mezclar bien formando una masa espesa.

Estirar en una tabla enharinada dándole un grosor de ½ a ¾ de cm.

Cortar en círculos y poner media almendra en el centro de cada una.

Colocar bien separados en una bandeja engrasada.

Cocinar 20 minutos en horno moderado (180° C).

Esperar que se enfríen un poco antes de levantarlos para ponerlos a enfriar en rejilla de alambre.

Parkins – II

900 g harina de avena
65 g grasa de cerdo o mantequilla
675 g miel de caña
55 g azúcar morena
14 g jengibre molido
Un poco de leche o cerveza

Calentar la miel de caña hasta que esté líquida.

Unir la harina con la mantequilla trabajando ligeramente con los dedos, agregar azúcar, jengibre y miel de caña.

Enjuagar con cerveza o leche la cacerola en que se ha calentado la miel de caña.

Agregar esta leche o cerveza al resto de los ingredientes hasta que tenga la consistencia necesaria; la masa debe ser suave, pero no resbalar fácilmente de la cuchara.

Verter en unas bandejas engrasadas.

Cocinar en horno hasta que esté firme en el centro.

Cortar en cuadrados.

Sponge Parkin

½ taza harina y ½ taza de avena arrollada o 1 taza harina y 100 g mantequilla
½ taza de azúcar morena
2 cucharadas de miel de caña
1 taza de leche
1 huevo
1 cucharadita jengibre
1 cucharadita especias
1 cucharadita bicarbonato de soda

Mezclar todos los ingredientes secos.

Agregar la miel de caña y la mantequilla previamente derretida y mezclar bien.

Agregar el bicarbonato disuelto en la leche caliente y por último el huevo batido.

Cocinar en horno moderado por 1 hora.

Cortar en cuadrados antes de que esté completamente frío.

Torta de Patata – Potato Cake

½ k de fécula de patata
250 g azúcar
250 g mantequilla batida como crema
1 huevo o 2 claras
10 gotas de esencia de limón o 1 cucharadita ralladura
de cáscara de limón

Mezclar todos los ingredientes y batir muy bien por 10 minutos.

Verter en un molde engrasado y cocinar en horno moderado por 45 minutos.

Masitas de Avena – Quaker Cakes

2 tazas avena arrollada
4 cucharadas mantequilla
2 cucharadas miel de caña (Golden Syrup)
Una pizca de sal

Poner la avena en un bol y unir con la mantequilla trabajando ligeramente con la punta de los dedos.

Calentar en una cacerola pequeña la miel de caña y mezclar con los ingredientes secos.

Verter esta preparación en una bandeja engrasado y darle buena forma, especialmente en las esquinas, acomodándola con las manos.

Cocinar por 30 minutos en horno moderado.

Dejar enfriar y cortar en cuadrados.

Flapjacks de Avena

110 g de mantequilla
110 g de azúcar morena
140 g avena arrollada

Derretir juntos la mantequilla y el azúcar; agregar la avena y mezclar muy bien.

Acomodar en una asadera, apretando con las manos.

Cocinar por 15 minutos en horno moderado.

Cortar en la forma que se desea, con un cuchillo afilado, antes de que esté completamente frío.

Desmoldar cuando esté frío.

Panqueques a la Plancha – Drop Scones

1 taza de harina
1 taza escasa de leche
1 huevo
1 cucharada de azúcar
1 cucharadita polvo de hornear
Una pizca de sal

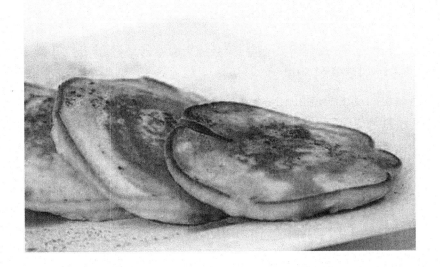

Batir el huevo, agregar la harina y leche batiendo hasta que la masa quede lisa.

Agregar el azúcar y por último el polvo de hornear.

Verter de a cucharadas, sobre una plancha caliente.

Cocinar hasta que forme burbujas.

Dar vuelta con un cuchillo o espátula y cocinar del otro lado.

Panqueques Armada Real a la Plancha
Royal Navy Drop Scones

4 cucharadas de mantequilla derretida
2 tazas de harina
3 cucharaditas de polvo de hornear
½ cucharadita de sal
2 huevos
1 ¾ tazas de leche
1 cucharada de azúcar

Agregar a los ingredientes secos, los huevos batidos, la leche y mantequilla.

Verter de a cucharadas en una plancha bien caliente ligeramente engrasada.

Cuando el panqueque esté lleno de burbujas, dar vuelta y dorar del otro lado.

Servir calientes y untados con mantequilla.

Si se prefiere puede suprimirse el azúcar y servir con miel o miel de caña.

Scones a la Plancha – Griddle Scones

2 tazas de harina
1 cucharada escasa de mantequilla
1 cucharadita de miel de caña o azúcar
2 cucharaditas cremor tártaro
1 cucharadita bicarbonato
4 cucharadita sal
1 taza leche

Unir todos los ingredientes secos en el siguiente orden: la harina con la mantequilla, miel de caña, sal y cremor tártaro.

Después formar una masa blanda agregándole la leche en la que se habrá disuelto el bicarbonato.

Cocinar en una plancha hasta que esté bien dorado de ambos lados.

Servir con mantequilla y bien calientes.

Masitas a la Plancha – Griddle Cakes

2½ tazas harina
2 cucharadas colmadas de harina de arroz
1 cucharada grasa de cerdo
2 cucharadas azúcar
2 cucharaditas polvo de hornear
1 cucharadita sal
½ cucharadita especias varias
½ taza de pasas Corinto
1 taza de crema y leche mezclada

Mezclar bien la harina, arroz y polvo de hornear, especias, azúcar y sal, agregando luego la grasa.

A esto se le añaden las pasas de Corinto, la crema y la leche y se amasa hasta que quede de una consistencia regularmente blanda.

Se estira hasta tener ½ cm de grueso, se perfora todo con un tenedor y se fríe sobre una plancha hasta que esté bien dorado de ambos lados.

Partir en trozos, ponerle mantequilla y servir calientes.

Scones de la Abuelita – Granny's Scones

3 tazas de harina
1 cucharadita de sal
4 ½ cucharaditas de polvo de hornear
1 taza crema (nata)
1½ tazas de leche

Cernir la harina; agregar la sal y el polvo de hornear y mezclar bien.

Hacer un hueco en el centro de la harina y verter la crema y la leche y mezclar bien sin trabajar demasiado.

Estirar la masa sin apretarla; cortar y colocar en una bandeja de hornear.

Cocinar en horno caliente por 20 minutos más o menos.

Al sacar del horno pasar la parte de arriba de los scones por leche cremosa.

Scones Dulces Teresita

Sweet Scones Teresita

1 taza de leche
4 tazas harina
4 cucharaditas polvo hornear
½ cucharadita sal
½ taza mantequilla
2 huevos
4 cucharadas azúcar
½ taza pasas

Cernir la harina y mezclar con el azúcar, polvo de hornear, pasas y sal; unir con la mantequilla. Batir los huevos y agregarle la leche.

Unir gradualmente con los ingredientes secos.

Poner entonces sobre una tabla de amasar y trabajar ligeramente hasta que la masa esté suave.

Estirarla, dándole unos 3 cms de espesor y cortar de la forma y tamaño que se prefiera.

Cocinar en horno caliente 20 minutos.

Rosquitas - Spirals

Esta es una receta dinamarquesa.

2 tazas harina tamizada
¾ mantequilla
½ taza azúcar
1 taza almendras
1 huevo
¼ cucharadita de carbonato de amonio (se compra en farmacias)
1 rama de vainilla (usar sólo la parte interior que se saca con un cuchillo)

Amasar junto la mantequilla, el azúcar, la harina, el carbonato de amonio con el huevo, las almendras molidas y la vainilla.

Una vez bien amasada la pasta, se pasa por una manga de repostería que tenga la boquilla en forma de estrella con 1 cm de diámetro.

Se va formando pequeños espirales o rosquitas que luego se colocan sobre la bandeja del horno previamente untada con mantequilla.

Masitas Sultanas – Sultana Slices

Con los ingredientes de esta masa se hacen dos recetas: las masitas sultanas y los cuadraditos de dátiles cuya explicación se da en la siguiente receta. La masa se divide en dos partes para realizar las dos recetas.

1¾ tazas harina
2 cucharaditas polvo hornear
1 cucharada de postre de azúcar
4 cucharadas de grasa
3 cucharadas de pasas sultanas
Una pizca de sal
Un poco de agua

Cernir la harina, el polvo de hornear y la sal.

Agregar la grasa, amasándola y mezclar con agua hasta formar una masa dura.

Dividir la masa en 2 porciones iguales. Dejar una parte reservada para hacer los cuadraditos de dátiles (ver siguiente receta)

La ora parte se estirará hasta tomar la forma de un rectángulo.

Se le pasa un poco de agua encima, desparramando luego las sultanas, las que se espolvorearán con azúcar.

Enrollar la masa.

Luego se cortan rebanadas gruesas y se ponen con cuidado sobe una bandeja previamente engrasada. Se cocina en horno caliente.

Cuadraditos de Dátiles – Date Squares

Para los ingredientes de esta receta ver la receta anterior, masitas de sultanas. Los ingredientes dados en esa receta son para hacer la masa que sirve para las dos recetas, tanto para las masitas de sultanas como los cuadraditos de dátiles. La masa se divide en dos, una para cada receta.

Elaboración:

Se estira la otra porción de la masa en una forma rectangular.

Una mitad se cubrirá con dátiles, bien juntos, cubriéndolos con la otra mitad de la masa, apretando bien fuerte.

Se pasa el rodillo suavemente.

Cortar en cuadraditos, adornando cada uno con rayas que se marcarán con el contrafilo de un cuchillo.

Con un cepillo, pasar un poco de leche por encima y se cocinan en horno caliente.

Tarteletas de Harina de Arroz
Ground Rice Tartlets

½ taza de mantequilla
½ taza azúcar
¾ taza harina de arroz
¼ cucharadita polvo de hornear
1 huevo
Masa de hojaldre
Mermelada de frutilla

Batir juntos la mantequilla, el azúcar y el huevo.

Luego agregar la harina de arroz y el polvo de hornear.

Forrar unos moldes pequeños con masa de hojaldre sobre la cual se pone un poco de mermelada de frutillas.

Luego se tapa esto con la preparación de harina de arroz.

Sobre cada tarteleta poner unas tiras delgadas de masa de hojaldre formando una cruz.

Hornear a fuego lento.

Masitas Nursery – Nursery Tea Cakes

1 taza harina
½ cucharadita sal
1 cucharadita polvo de hornear
2 huevos
1 taza de azúcar
4 cucharadas de agua fría

Separar las claras de los huevos y batir a punto de nieve.

Después sin lavar el batidor, batir las yemas, agregar de a poco las yemas, el azúcar cernida y seguidamente el agua.

Agregar la harina, sal y polvo de hornear previamente cernidos juntos y por último las claras.

Engrasar un molde poco profundo y forrarlo con papel engrasado.

Verter en éste la masa y cocinar en horno moderado 10 minutos.

Cortar las masitas en bombos y cubrir con un azucarado hecho con azúcar impalpable disuelta en un poquito de agua o leche caliente.

Si se desea, se puede agregar a la mitad del azucarado unas gotas de colorante para que las masitas queden mitad rosadas y mitad blancas y así llamen la atención.

Masitas de Chocolate
Toll House Chocolate Cookies

2¼ tazas de harina cernida
1 cucharadita de sal
1 taza de nueces picadas
2 barras de chocolate cortado en trocitos del tamaño de arvejas (guisantes)
1 cucharadita esencia de vainilla
225 g de mantequilla
¾ taza de azúcar morena
¾ taza azúcar molida
2 huevos batidos
1 cucharadita de bicarbonato de soda en
1 cucharadita de agua caliente

Batir:

la mantequilla hasta que esté como crema.

Agregar:

¾ taza de azúcar morena
¾ taza azúcar molida
2 huevos batidos

Disolver:

1 cucharadita de bicarbonato de soda en
1 cucharadita de agua caliente

Mezclar la primera preparación alternativamente con la harina, y la sal.

Agregar las nueces, el chocolate y la esencia de vainilla.

Verter de a media cucharadita en una bandeja engrasada y cocinar en horno moderado (190° C) por 10 o 12 minutos.

Esta receta es suficiente para hacer 100 masitas. Se puede hacer fácilmente la mitad de la receta.

Tortitas de vinagre - (sin huevo)

2 cucharadas de mantequilla o grasa de cerdo
4 cucharadas de azúcar
1 taza de harina
½ cucharadita de polvo de hornear
½ cucharadita de bicarbonato de soda
¼ taza de leche
1 pizca de sal
1 cucharada de vinagre
2 cucharadas de cáscara abrillantadas
1/2 cucharadita de especias mezcladas
½ taza de pasas de uva

Batir la mantequilla con el azúcar hasta que esté como crema.

Agregar la harina y demás ingredientes y mezclar bien.

Cocinar en bandeja y cortar a trozos cuando esté frío.

Barritas de Nuez – Walnut Dream Bars

¼ taza de mantequilla
1¼ tazas de harina
1¼ tazas de azúcar morena
2 huevos
1½ tazas de coco rallado
½ cucharadita de polvo de hornear
1 cucharadita a de esencia de vainilla
1 taza de nueces picadas

1º Preparación:

Mezclar 1 taza de harina con ¼ taza de azúcar morena, agregar la mantequilla, cortándola y trabajando con un cuchillo hasta que tenga la consistencia de pan rallado grueso.

Poner esta preparación en un molde cuadrado, sin engrasar y cocinar en horno moderado por 15 minutos.

2º Preparación:

Batir bien los huevos, agregar gradualmente el resto del azúcar y seguir batiendo.

Agregar el resto de la harina, cernida con el polvo de hornear. Agregar la vainilla, coco, nueces y mezclar bien.

Esparcir sobre la primera preparación, que estará todavía caliente, y cocinar en horno moderado por 20 minutos o hasta que se dore.

Cortar en cuadrados antes de que se enfríe por completo.

Palitos de Nuez – Walnut Fingers

2 tazas de harina
2 cucharadas de azúcar molida
½ taza de mantequilla (100 g)
1 cucharadita de polvo de hornear
4 cucharadas azúcar impalpable
2 cucharadas de nueces picadas
1 huevo
Mermelada de damascos

Mezclar bien todos los ingredientes secos, unir con la yema, usando un poco de leche si fuera necesario.

Estirar y forrar con ésta, un molde cuadrado engrasada.

Cubrir la masa con mermelada de damascos.

Después cubrir con la clara batida ligeramente con el azúcar impalpable y por último con las nueces picadas.

Cocinar en horno moderado por 15 minutos más o menos.

Cortar en palitos para servir.

Waffles

2 cucharadas mantequilla
1¾ tazas de harina
1 cucharadita polvo de hornear
1 cucharadita bicarbonato
½ cucharadita de sal
2 huevos
1 tazas de leche fresco
1 cucharada de azúcar

Cernir y mezclar los ingredientes secos.

Agregar las yemas batidos, la crema y la mantequilla
derretida, después las claras a punto de nieve.

Calentar la plancha por 8 minutos y cocinar en la
plancha por 3 minutos.

Se sirven con helado de chocolate or crema batida. Es
suficiente para 5 waffles.

Waffles de Crema Agria
Sour Cream Waffles

2 cucharadas mantequilla
1¾ tazas de harina
1 cucharadita polvo de hornear
1 cucharadita bicarbonato
½ cucharadita salchichas
2 huevos
1¼ tazas de crema agria

Cernir y mezclar los ingredientes secos.

Agregar las yemas batidos, la crema y la mantequilla derretida, después las claras a punto de nieve.

Calentar la plancha por 8 minutos y cocinar en la plancha por 3 minutos.

Servir con miel o con fresas y crema (nata).

Es suficiente para 5 waffles.

Dulces Caseros

Consejos Prácticos
Para Hacer Caramelos

Este es posiblemente el ramo menos explorado en la cocina casera. Esto se debe tal vez a una idea equivocada: de que para hacer caramelos, se necesita un costoso equipo.

La adquisición de esos tentadores utensilios cuesta una respetable suma de dinero, pero en la mayoría de los casos se pueden substituir por los comunes utensilios de cocina y un buen termómetro para el almíbar, que es imprescindible para dar el punto exacto al almíbar, y puede conseguirse fácilmente en un buen almacén o farmacia.

Al hacer el almíbar - la base de la mayoría de los caramelos - es de absoluta importancia dar especial consideración a los detalles. Para que el resultado sea satisfactorio deben observarse cuidadosamente cada detalle.

Detalles Especiales
Para Hacer El Almíbar

1. Usar azúcar de buena calidad y pesarlo exactamente, lo mismo que los otros ingredientes.

2. Disolver completamente el azúcar a fuego suave, antes que el almíbar empiece a hervir.

3. No revolver el almíbar, a no ser que la receta especifique lo contrario.

4. Para evitar que el almíbar se endurezca, pasar alrededor de la cacerola un pincel humedecido en agua caliente.

5. No agitar la cacerola, de lo contrario el almíbar se cristalizará.

Puntos Del Almíbar

Punto de bolita blanda...........................113° C
Punto de bolita dura..............................117° C
Punto de bolita muy dura.......................120° C
Punto de caramelo, alrededor de............143° C

Recetas de Caramelos y Dulces Caseros

Caramelos Espirales – Barley Sugar

6 tazas de azúcar
1 taza de agua
½ cucharadita cremor tártaro
El jugo de 1 limón

Poner en una cacerola a fuego suave, el azúcar, agua y cremor tártaro y revolver hasta que el azúcar esté disuelto.

Después hacer hervir rápidamente y agregar el jugo de limón.

Está a punto cuando al echar unas gotitas de este almíbar en agua fría, se endurezca.

Verterlo entonces sobre una bandeja engrasada y cuando se enfríe un poco, cortar en tiras con una tijera y retorcerlas para formar los espirales.

Cuando estén fríos, guardarlos en latas de cierre hermético.

Butterscotch

Derretir:

100 g de mantequilla.

Agregar:

1 taza de azúcar
2 cucharadas de postre de vinagre
1 cucharada de miel de caña (Golden Syrup)
2 cucharadas de poste de agua caliente
Una pizca de sal
Esencia de vainilla (opcional)

Hervir unos 10 minutos o hasta que tome punto de bolita dura, al probar en agua fría.

Verter en un molde poco profundo, engrasado.

Cuando esté frío, cortar en cuadrados y envolver en papel manteca.

Butterscotch – II

170 g de mantequilla
230 g azúcar refinada
115 g miel de caña (Golden Syrup)
Jugo de ½ limón

Hervir todos los ingredientes por 8 a 10 minutos, o hasta que tome punto de bolita dura al probar en agua fría.

Verter en un molde engrasado y cuando esté casi formado, cortar en cuadrados.

Candy

2 tazas de azúcar
2 cucharadas vinagre
1 cucharadita esencia de limón
1 cucharadita cremor tártaro

Humedecer el azúcar con una cucharada de agua, hervir con el vinagre y cremor tártaro sin revolver hasta que se ponga quebradizo al verter un poquito en agua fría.

Agregar la esencia y verter rápidamente en una fuente engrasada.

Cuando se enfríe un poco, tomar con las manos y tirar hasta que se ponga blanca y cortar en trocitos.

Caramelos de Crema – Cream Candy

1¾ tazas de azúcar
1 taza de crema (nata)
½ taza mantequilla
¼ cucharadita cremor tártaro

Poner en una cacerola el azúcar y cremor tártaro.

Agregar la crema y hacer hervir por unos minutos, revolviendo con una cuchara de madera.

Agregar la mantequilla y dejar hervir revolviendo continuamente hasta que esté muy espeso y tome un color ligeramente tostado.

Agregar una cucharadita de ron.

Verter en un molde engrasado.

Caramelos

2 tazas de azúcar
½ taza agua fría
2 cucharadas de mantequilla
½ cucharadita cremor tártaro
1 cucharadita vainilla

Poner todo en una cacerola y hervir hasta que forma caramelo en agua fría.

Baño de Caramelo para Bombones:

1 taza de azúcar
½ taza de agua
¼ cucharadita bicarbonato
Esencia de vainilla

Mezclar todos los ingredientes y hervir hasta que esté a punto de caramelo.

Bombones de Crema – Chocolate Creams

Azúcar impalpable
Leche condensada
Alguna esencia
Chocolate de cobertura

Mezclar azúcar impalpable con alguna esencia y suficiente leche condensada para darle la consistencia necesaria para formar bolitas firmes.

Calentar el chocolate a 28º.

Pasar las bolitas por el chocolate, sacarlos y poner a secar sobre un papel encerado.

Bolitas de Chocolate – Chocolate Balls

250 g chocolate dulce
5 cucharadas mantequilla
4 yemas

Derretir el chocolate al baño María.

Batir la mantequilla en un bol hasta que esté suave.

Agregar las yemas de a una a la vez y por último, el chocolate que se habrá enfriado.

Dejar en la heladera hasta el día siguiente.

Formar pequeñas croquetas y envolverlas en chocolate rallado.

Barras de Chocolate y Nuez

Chocolate Nut Bars

250 g chocolate dulce
1¾ tazas de pasas de uva cortadas
¾ tazas de pistacho cortado
Una pizca de sal

Derretir el chocolate al baño María.

Revolver hasta que esté suave y casi frío.

Agregar las pasas, nueces y sal. Mezclar bien.

Esparcir en un molde poco profundo dándole un grosor de ½ centímetro.

Cuando se forme, cortar en barritas cortas.

Cuadraditos de Coco – Coconut Ice

2 ½ tazas de azúcar molida
1 taza de agua
2 tazas de coco rallado

Hervir por 5 minutos el agua con el azúcar.

Agregar revolviendo el coco rallado y hervir por 10 minutos más.

Verter la mitad sobre un trozo de papel blanco y verter encima la otra mitad, coloreada con unas gotas de colorante.

Retirar del papel antes de que esté completamente frío y cortar en cuadrados.

Dátiles Nevados – Snow Dates

250 g de dátiles
125 g de nueces
Azúcar impalpable

Sacar los carozos a los dátiles y rellenarlos con una nuez.

Espolvorearlos con azúcar impalpable.

Frutas Nevadas – Frosted Fruit

Dátiles
Ciruelas
Nueces
Azúcar impalpable
Almendras molidas
Clara de huevo
Azúcar
Mazapán
Jugo de limón
Colorante

Sacar los carozos a algunos dátiles y ciruelas.

Rellenar con una preparación de almendras molidas, azúcar impalpable y clara de huevo mezcladas.

Pasar por azúcar molida.

Otro dulce muy rico:

Cortar las nueces por la mitad y colocar entre ellas el azucarado de mazapán.

Se las puede decorar con un poco de azucarado hecho con azúcar impalpable, jugo de limón y unas gotas de colorante.

Caramelos de Dulce de Leche

12 tazas de leche
7 tazas de azúcar
1 chaucha de vainilla

Poner en una cacerola la leche, el azúcar y la vainilla.

Poner sobre fuego moderado y revolver de vez en cuando con una cuchara de madera y dejar hervir despacio.

Cuando empiece a espesarse, revolver continuamente hasta que se espese tanto que resulte difícil revolver.

Sacar del fuego y revolver un poco más.

Verter entonces en una bandeja de mármol engrasada.

Dejar enfriar un poco y cortar con un cuchillo engrasado.

Fondant

2½ tazas azúcar impalpable
1 cucharadita vainilla
½ taza de leche condensada

Mezclar bien estos ingredientes hasta que la preparación quede lisa y cremosa.

Con este fondant de tan simple elaboración pueden hacerse una variedad de deliciosas pastillas.

Se pueden agregar diferentes esencias, como de aceite de menta, almendras y chocolate y ponerles cualquier colorante.

Bolitas de Fruta – Fruit Balls

1 taza de ciruelas
1 taza de pasas sin semillas
1 taza de dátiles
1 taza de nueces
1 taza de higos
½ cucharada de canela
Una pizca de sal

Lavar y sacar el carozo a las ciruelas, también a los dátiles.

Machacar todo junto en un mortero hasta que esté bien mezclado.

Formar en pequeñas bolitas y envolver en azúcar molida.

Fudge de Azúcar Morena
Brown Sugar Fudge

El fudge se puede describir como caramelo sólido.

3 tazas de azúcar morena o rubia
¾ tazas de leche
Mantequilla, el tamaño de un huevo

Poner estos ingredientes en una sartén pesada.Cocinar a fuego fuerte unos minutos revolviendo continuamente.

Cuando ya no forme espuma, probar el punto, echando una gotita en agua fría.

Cuando tome punto de bolita blanda, retirar del fuego y seguir batiendo hasta que empiece a endurecerse.

Verter entonces en fuente ligeramente engrasada.

Cuando esté casi frío, cortar en cuadrados.

Otras variaciones:

Pueden hacerse diferentes clases de fudge agregándole alguno de los siguientes ingredientes:

1. El jugo de ½ limón, o vinagre, después de haber agregado la leche.

2. Una cucharada de miel o miel de caña.

3. Agregar 1 taza de bizcochos rallados cuando empieza a endurecerse. Esto resulta en un fudge esponjoso.

4. Dos barras de chocolate.

Divinity Fudge

2 tazas de azúcar
½ taza de agua
½ taza de miel de caña
2 claras
1 cucharadita de esencia de vainilla
1 taza colmada de nueces picadas

Hervir el agua, azúcar y miel hasta que tome punto de bolita blanda.

Verter la mitad del almíbar sobre las claras batidas a nieve y batir bien.

Cocinar el resto del almíbar hasta que se ponga quebradizo y verterlo sobre la primera preparación.

Agregar la vainilla y nueces.

Verterlo en una bandeja y cuando se forme cortar en cuadrados.

Fudge de Chocolate

200 g de mantequilla
250 g de chocolate
1 taza de leche
2 tazas de azúcar
1 taza de nueces picadas

Hervir rápidamente por 15 minutos. Agregar las nueces.

Retirar del fuego y batir hasta que se espese.

Verter en platos engrasados.

Cortar en cuadrados.

Fudge de Nueces – Nut Fudge

2 tazas azúcar morena
½ taza de crema (nata)
1 cucharada mantequilla
1 cucharadita de esencia de vainilla
Una pizca de cremor tártaro
Nueces picadas

Poner en una cacerola el azúcar, la crema, la mantequilla y el cremor tártaro y hervir revolviendo lo menos posible, hasta que tome punto de bolita blanda (dejando caer una gota en un vaso de agua).

Retirar del fuego; agregar las nueces y vainilla y batir hasta que se espese.

Verter entonces en moldes poco profundo y cuando esté frío cortarlo en cuadraditos.

Envolverlo en papel encerado.

Fudge Tutti Frutti

2 tazas de azúcar
1 taza de leche
Mantequilla, el tamaño de un huevo
½ taza de jalea de fruta como manzana o ciruela etc.
(Si no se tuviera a mano jalea, se puede usar
mermelada por cedazo).

Cocinar rápidamente en una sartén, revolviendo continuamente.

Probar a menudo en agua fría, si está a punto.

Retirar del fuego y revolver bien hasta que esté casi sólido y colocar entonces en plato engrasado.

Cortar en trocitos antes de que se endurezca.

Malvaviscos (Nubes) – Marshmallows

4 tazas de azúcar
2½ tazas de agua
4 cucharadas de gelatina
20 gotas de esencia de vainilla
Una pizca de sal
Azúcar impalpable

Remojar la gelatina en una taza de agua por 10 minutos.

Poner el azúcar y el resto del agua en una cacerola y hervir hasta que forme una hebra fina desde la cuchara.

Agregar la gelatina y se deja enfriar un poco.

Agregar la vainilla y sal.

Batir con un batidor de huevos hasta que la mezcla se ponga blanca y espesa.

Se puede agregar fruta abrillantada y nueces cortadas durante el último minuto del batido.

Verter en una bandeja y espolvorear con azúcar impalpable.

Nougat

1 taza azúcar
½ azúcar
3 cucharadas miel de caña
2 claras
½ taza miel de abejas
2 tazas almendras tostadas y cortadas
½ taza pistacho
1 cucharadita vainilla

Mezclar el azúcar, agua y 1½ cucharadas de miel de caña.

Poner a hervir, revolviendo hasta que el azúcar esté disuelto.

Seguir hirviendo hasta que se formen bolitas duras.

Batir las claras a punto de nieve, agregarle el almíbar batiendo continuamente.

Agregar las nueces. Cocinar al baño María hasta que se seque.

Agregar vainilla, verter en un plato y cortar en cuadritos.

Envolver en papel manteca.

Caramelos de Maní – Peanut Bricks

3 tazas de maní tostados y pelados
5 tazas de azúcar

Se pone el azúcar en una cacerola y se cocina lentamente.

Primeramente se formará unos grumos pero después se derretirá poco a poco.

Cuando tenga un color café claro se agregan los maníes y se vierte todo rápidamente sobre una tabla de mármol engrasada.

Una vez frío se corta en trozos.

Pastillas de Menta – Peppermint Creams

500 g azúcar impalpable
1 cucharada de crema (nata)
20 gotas de aceite de menta

Mezclar bien.

Estirar la pasta.

Cortar en círculos y dejar secar.

Pastillas de Menta – (hervido)

2 tazas de azúcar
1 taza de agua
1 pizca de cremor tártaro

Poner al fuego en una cacerola el agua y azúcar y revolver hasta que se disuelva el azúcar. Dejar entonces de revolver y cuando hierva, espolvorear con el cremor tártaro.

Hervir hasta que este almíbar tome punto de bolita blanda.

Retirar del fuego y dejar reposar durante 2 minutos. Verter después en un plato sopero mojado.

Dejar enfriar un poco y revolver entonces con una cuchara hasta que se ponga blanco y duro, después trabajarla con las manos hasta que no tenga grumos.

Ponerse en las manos 2 o 3 gotas de esencia de menta y continuar trabajando la preparación.

Estirar la pasta, cortar en círculos y dejar secar.

Otra receta:

2 tazas de azúcar impalpable
1 cucharada de postre de glucosa o miel de caña
1 cucharada de agua hirviendo
8 a 10 gotas de esencia de mente

Mezclar la glucosa o miel de caña con el agua hirviendo.

Mezclar bien los ingredientes.

Darles forma de círculos y planas y espolvorear con azúcar impalpable.

Nota: Se puede substituir por la glucosa, 2 claras de huevo.

Quakers

1 taza de azúcar morena
1 taza de mantequilla
1 taza de avena arrollada

Mezclar bien los ingredientes.

Cocinar en horno.

Cortar en trocitos.

Sacar cuando fríos.

Toffee

½ *taza de mantequilla*
1 taza de azúcar
1 cucharada miel de caña
2 cucharadas de agua caliente
1 cucharada vinagre

Hervir juntos todos los ingredientes hasta que, al verter una gotita en agua fría, quede acaramelado.

Verter en una bandeja engrasada y dejar hasta que se endurezca.

Toffee de Miel – Honey Toffee

3 tazas de azúcar
1½ tazas de agua
1 k mantequilla
1½ k de miel

Poner en una cacerola al fuego el azúcar y agua y cuando empieza a levantar burbujas, hervir por 5 minutos.

Agregar entonces la mantequilla y miel.

Hervir rápidamente hasta que al verter un poco de agua fría, se ponga quebradizo.

Verter en una fuente o bandeja engrasada.

Cuando esté casi frío, marcar en cuadraditos.

Cuando esté frío, partir con las manos.

Turkish Delight

28 g de gelatina
½ taza de agua
El jugo de 2 limones
500 g azúcar
Un poco de esencia de rosas
Colorante (opcional)

Disolver en una cacerola la gelatina con el agua. Agregar el jugo de limón y el azúcar.

Dejar que se disuelva despacio, después hervir rápidamente por 5 minutos y agregarle la esencia de rosas.

Dividir esta preparación en dos partes y colorear una con unas gotas de colorante.

Verter en dos bandejas engrasadas y dejar reposar 24 horas.

Cortar después en cuadrados y envolver en azúcar impalpable.

Estimado Lector

Nos interesa mucho tus comentarios y opiniones sobre esta obra. Por favor ayúdanos comentando sobre este libro. Puedes hacerlo dejando una reseña en la tienda donde lo has adquirido.

Puedes también escribirnos por correo electrónico a la dirección *info@editorialimagen.com*

Si deseas más libros como éste puedes visitar el sitio de **Editorialimagen.com** para ver los nuevos títulos disponibles y aprovechar los descuentos y precios especiales que publicamos cada semana.

Allí mismo puedes contactarnos directamente si tienes dudas, preguntas o cualquier sugerencia. ¡Esperamos saber de ti!

Más Libros de Interés

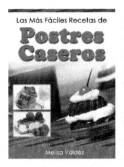

Las Más Fáciles Recetas de Postres Caseros

Esta selección contiene recetas prácticas que, paso a paso, enseñan a preparar los postres, marcando el tiempo que se empleará, el coste económico, las raciones y los ingredientes.

Recetas Mexicanas Tradicionales - Descubre las mejores recetas de cocina mexicana

Deliciosas recetas mexicanas de: carnes, pescados y mariscos, arroz, sopas, verduras, salsas, entradas, tortillas, ensaladas, postres, y dulces bebidas.

Recetas Vegetarianas Fáciles y Baratas - Más de 100 recetas vegetarianas saludables y exquisitas

Si buscabas recetas de cocina vegetariana este libro de recetas veganas es para ti. El mismo es un recetario- que contiene una selección de recetas vegetarianas saludables y fáciles de preparar en poco tiempo. Este recetario incluye más de 100 recetas para toda ocasión, y contiene una serie de platos sin carnes ni pescados, con una variedad de recetas de Verduras, Huevos, Queso, Arroz, Ensaladas.

Recetario de Tortas con sabor inglés

Si buscabas recetas de cocina británica este libro es para ti. El mismo contiene una selección de recetas de tortas con sabor inglés. Este recetario incluye 80 recetas para toda ocasión, las cuales van desde lo más sencillo hasta lo más especial, como por ejemplo, una boda.

Recetas de Pescado y Salsas con sabor inglés

Recetas populares y a la vez muy fáciles, de la cocina británica. El recetario presenta diferentes maneras de cocinar el pescado, como así también tartas de pescado y salsas para acompañar el pescado.

Recetas de Sopas con sabor inglés

La sopa es un plato saturado de proteínas y nutrientes, es muy fácil de elaborar y además, apetece a cualquier hora del día. En la dieta inglesa la sopa es muy importante. Este recetario ofrece una variedad de recetas populares y deliciosas de la cocina británica.

Dieta Paleo - Descubre cómo bajar de peso, alcanzar salud y bienestar óptimo para siempre

Editorial Imagen se complace en presentar este libro sobre la tan famosa y renombrada Dieta Paleolítica. El mismo no pretende ser otro libro más que presente la teoría de la dieta, sino al contrario, pretende ayudar al lector a experimentar por sí mismo los grandes beneficios de la misma.

Cómo Adelgazar Comiendo

Se dan varias estrategias que te ayudarán a deshacerte de esos kilos de más, para siempre – ¡sin pasar ni un solo día de hambre!
• La verdadera razón por la cual las dietas no funcionan para ti y los muchos mitos sobre la pérdida de peso.
• Aprende cómo puedes mantener tu peso ideal fácilmente, mantenerte en forma y saludable por largo tiempo.
• Conoce las mejores recetas para bajar de peso.
• Y mucho más.